L'OEIL MAGIQUE III

Une nouvelle façon de voir le monde

Les images tridimensionnelles par N.E. Thing Enterprises

LES ÉDITIONS SCHOLASTIC

Pour toute information concernant les droits s'adresser à : Andrews and McMeel, a Universal Press Syndicate Company, 4900 Main Street, Kansas City, MO 64112.

ISBN 0-590-24610-0

Titre original : Magic Eye III

Publié en exclusivité en Amérique du Nord par Les éditions Scholastic, 123, Newkirk Road, Richmond Hill (Ontario) L4C 3G5 avec la permission des Éditions JA & T. Paris.

4321   Imprimé aux États-Unis   56/9

PRÉFACE

Nous voici de retour! Vous avez entre les mains *L'œil magique III*. L'équipe de N.E. Thing Enterprises et Wizzy Nodwig - le petit magicien que vous pouvez voir dans notre logo sur la première page - sont heureux de vous présenter ces nouvelles images tridimensionnelles.

Nous sommes très contents de l'énorme succès de *l'œil magique* et de *l'œil magique II*. Nous vous remercions vivement pour votre intérêt.

Mais vous avez été nombreux à nous réclamer encore d'autres images 3D. Nous avons donc composé cette nouvelle série qui, nous l'espérons, vous étonnera et vous ravira.

Bienvenue aux nouveaux venus qui entrent au «Club»! Dès que vous aurez trouvé votre oeil magique et que vous aurez pénétré avec nous dans la troisième dimension, vous serez certainement enchantés de ce que vous allez découvrir : paysages de rêves, animaux mythiques et fantastiques, monuments impressionnants... Tout cela dans un pêle-mêle de couleurs apparemment abstraites!

Il suffit d'utiliser l'une des deux techniques de vision décrites à la page suivante et vous jouirez tout de suite de cette nouvelle forme artistique. Car les images 3D sont un mélange d'art et de technique informatique appliquée.

Page 29, vous découvrirez les visages de tous les collaborateurs de N.E. Thing Enterprises. De haut en bas : Peggy Baker (bibliothécaire), Eric DeWitt (systèmes informatiques), Bill Clark (graphiste), Tom Baccei (fondateur de la société) Eileen Keneally (créatrice de Wizzy Nodwig (magicien), Andy Paraskevas (artiste), Mark Gregorek (chef de notre agence de licences), Ron Labbe (spécialiste 3D), Irene Earle-Rice (logistique), Lynne Door (directrice VPC) Cheri Smith (directeur artistique) et Clint Baker (directeur général).

Nous voudrions remercier Jordan Rice, la petite fille qui s'est laissé photographier pour l'image de la page 15.

Sur la double page à la fin du livre, vous trouverez un puzzle. Neuf tubes tordus vont de haut en bas. Vous verrez, à leur extrémité inférieure, la série de lettres suivante : G, C. M, A, R, D, I, O et W. Suivez chaque tube de haut en bas et de gauche à droite et notez les lettres dans l'ordre : vous découvrirez un mot magique en langue anglaise.

Sur les pages 31 et 32 sont reproduites les images 3D que vous allez découvrir quand vous aurez trouvé et pratiqué votre oeil magique.

Il y a aussi dans ce livre quelques pages sans image cachée. En regardant celles-ci à une distance correcte, vous aurez l'impression que les objets répétés flottent dans l'espace à des distances variables. Ces images sont pages 10, 19, 21, 24, 25 et 29. Pour les débutants, il est plus facile d'exercer son oeil magique sur elles.

Et maintenant, plongez-vous avec bonheur dans l'univers magique des images tridimensionnelles!

LES TECHNIQUES DE VISION

Il y a deux techniques pour voir les images tridimensionnelles : loucher (strabisme convergent) ou écarter les yeux (strabisme divergent). Vous louchez quand vous fixez un point entre vos yeux et une image. Vous écartez les yeux lorsque vous regardez un point au-delà de l'image.

Toutes nos images sont conçues pour être regardées en écartant les yeux. On peut également les voir en louchant, mais les informations vous parviendront alors à l'envers (si vous essayez, nous vous garantissons que vous ne resterez pas bloqués!). Par exemple, si nous voulions vous montrer un avion volant devant un nuage, vous verriez apparaître un trou en forme d'avion dans un nuage!

Mettez l'image contre votre nez (sans tenir compte des moqueries autour de vous). Laissez aller vos yeux et fixez un point de l'espace loin devant vous, comme si vous regardiez à travers le livre. Relaxez-vous et habituez-vous à voir l'image sans la regarder.

Quand vous vous sentez bien et que vous ne louchez pas, éloignez doucement le livre de votre visage, de trois centimètres environ toutes les trois secondes. Arrêtez-vous à votre distance habituelle de lecture et ne bougez pas les yeux. Continuez à regarder au-delà de la page. Un maximum de concentration est nécessaire au moment où vous sentez que la troisième dimension apparaît, car vous allez avoir tendance à regarder l'image plutôt qu'à regarder à travers elle. Si vous vous mettez à la regarder, elle disparaîtra aussitôt et vous

devrez recommencer. Dans les cas contraire, vous verrez l'image tridimensionnelle de plus en plus nette et impressionnante!

Les pages 31 et 32 vous montrent toutes les images tridimensionnelles que vous découvrirez quand votre oeil magique sera bien entraîné.

Un dernier mot avant de commencer : bien que cette technique ne soit absolument pas dangereuse, et même bénéfique pour vos yeux, n'en faites pas trop. Cela ne sert à rien de vous fatiguer inutilement. Le secret, c'est la relaxation. Puis, laissez l'image en trois dimensions venir à vous...

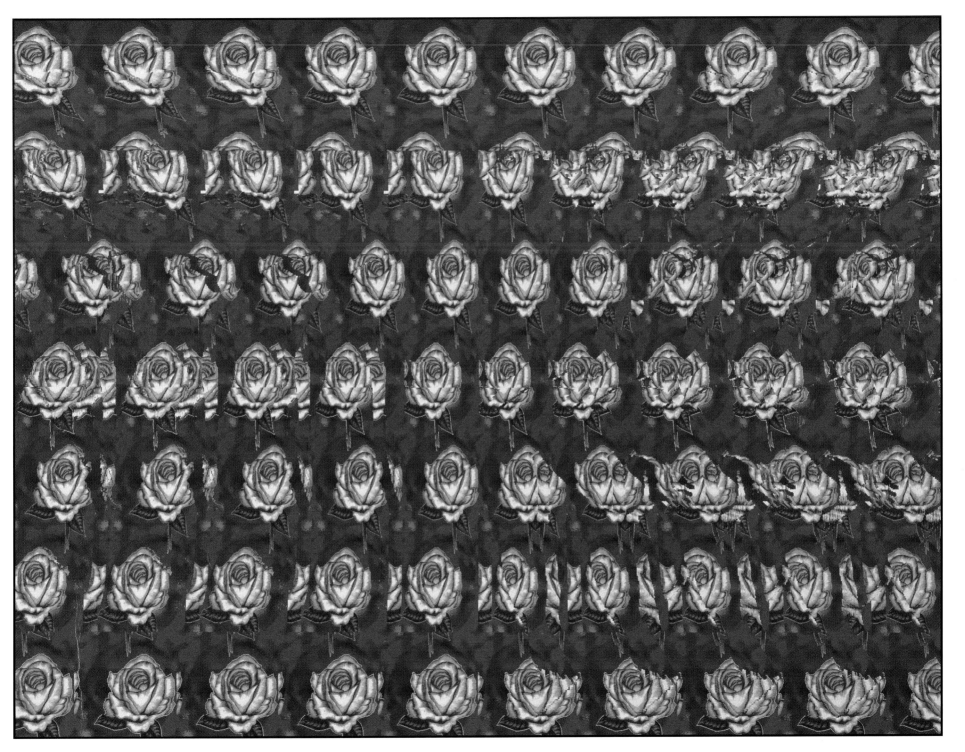

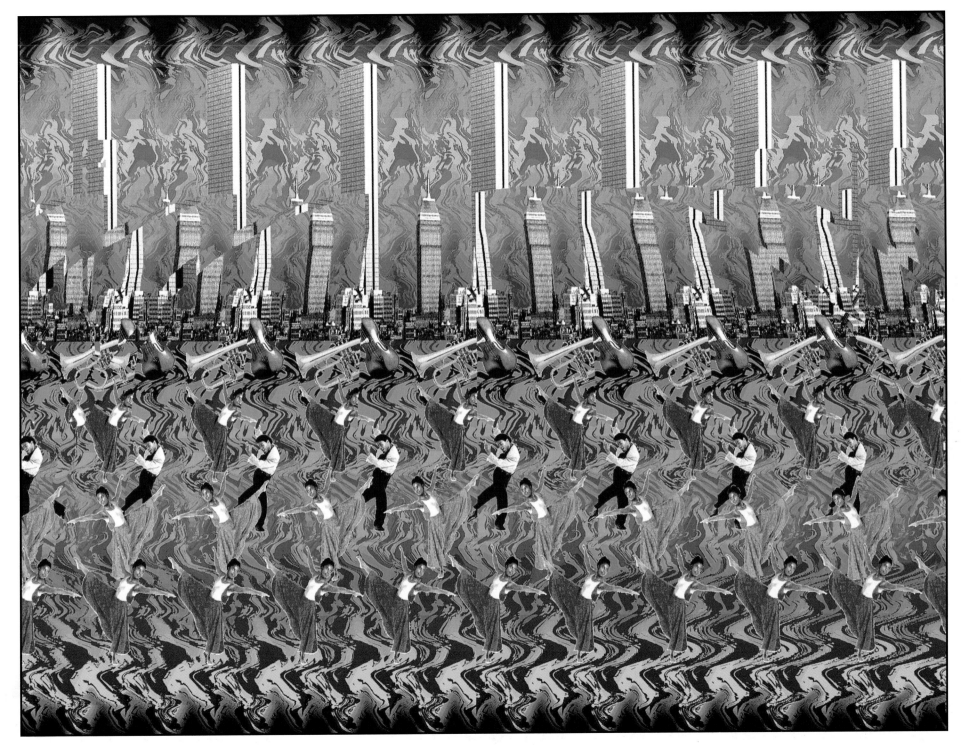

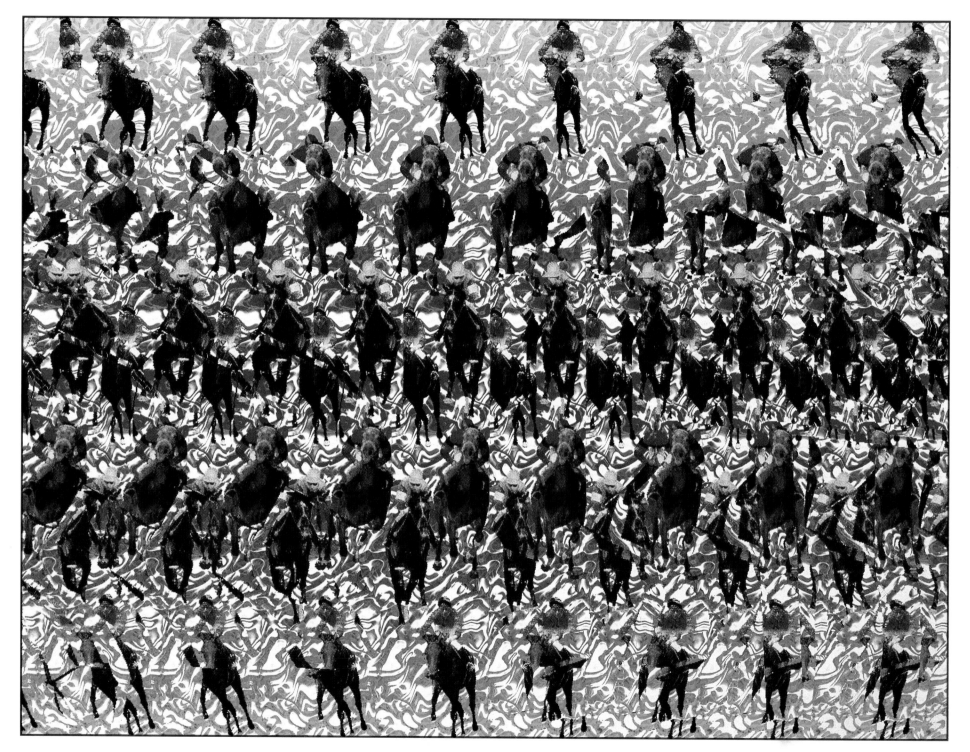

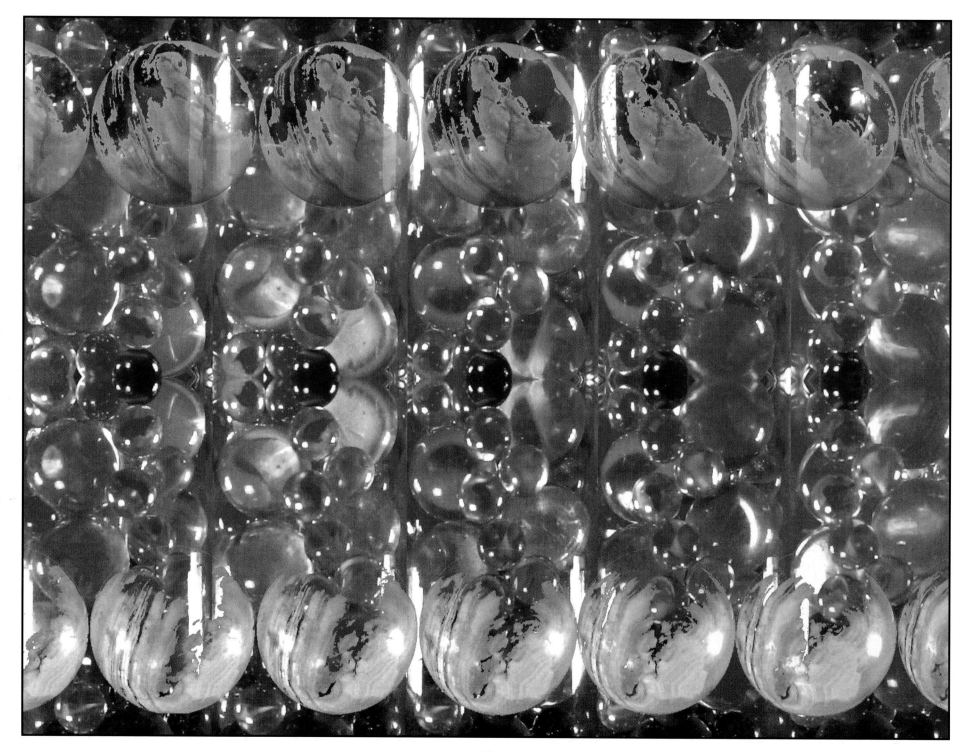

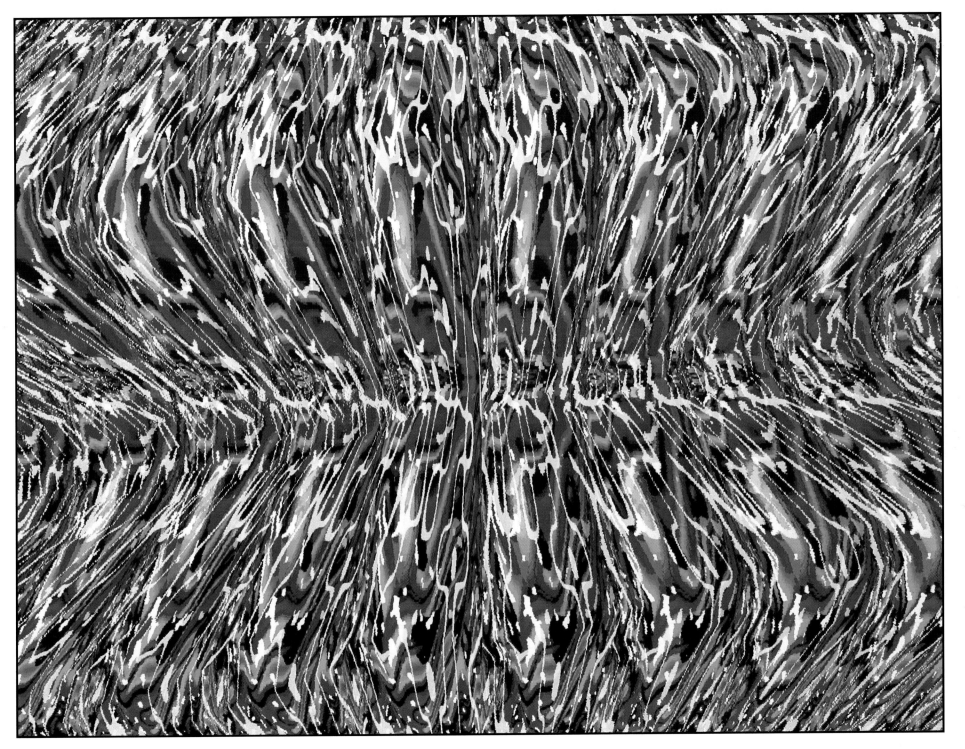

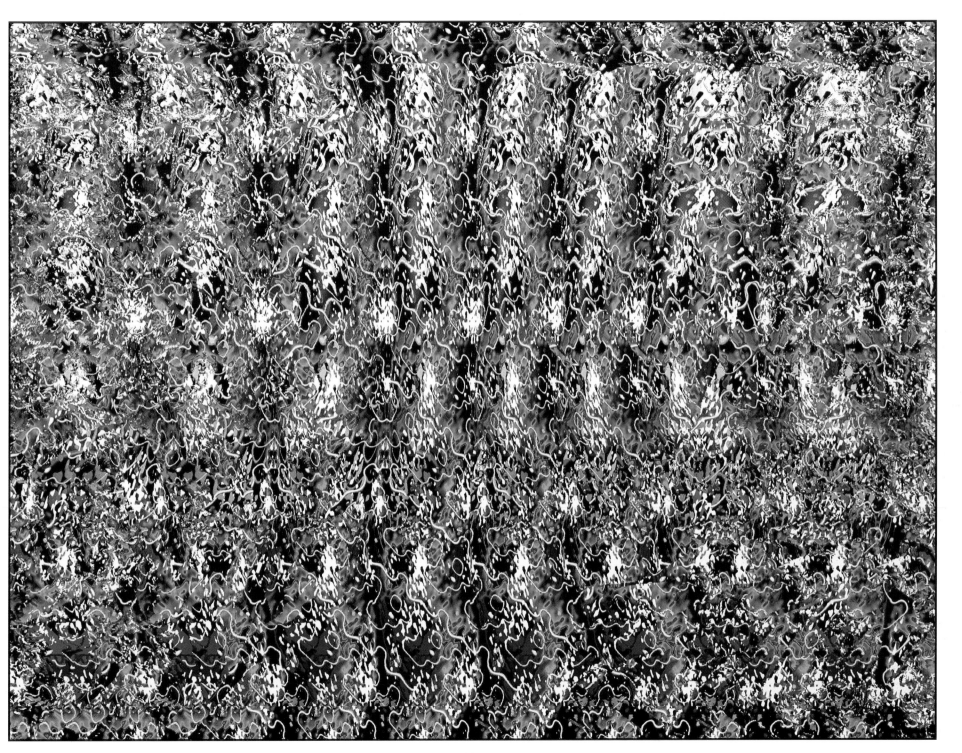

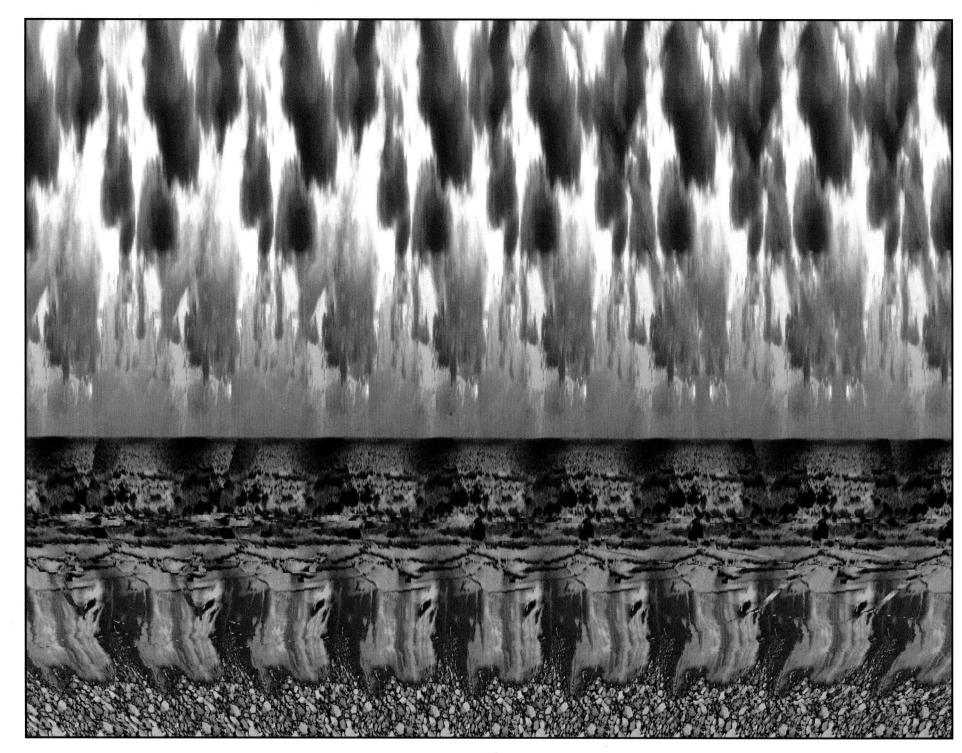

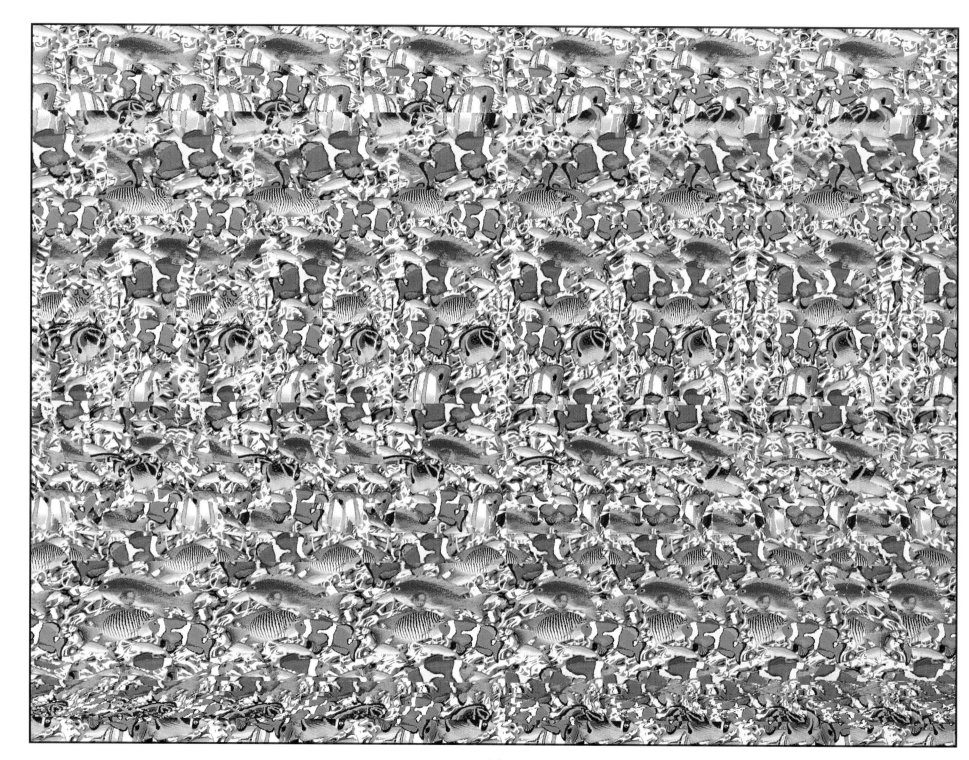

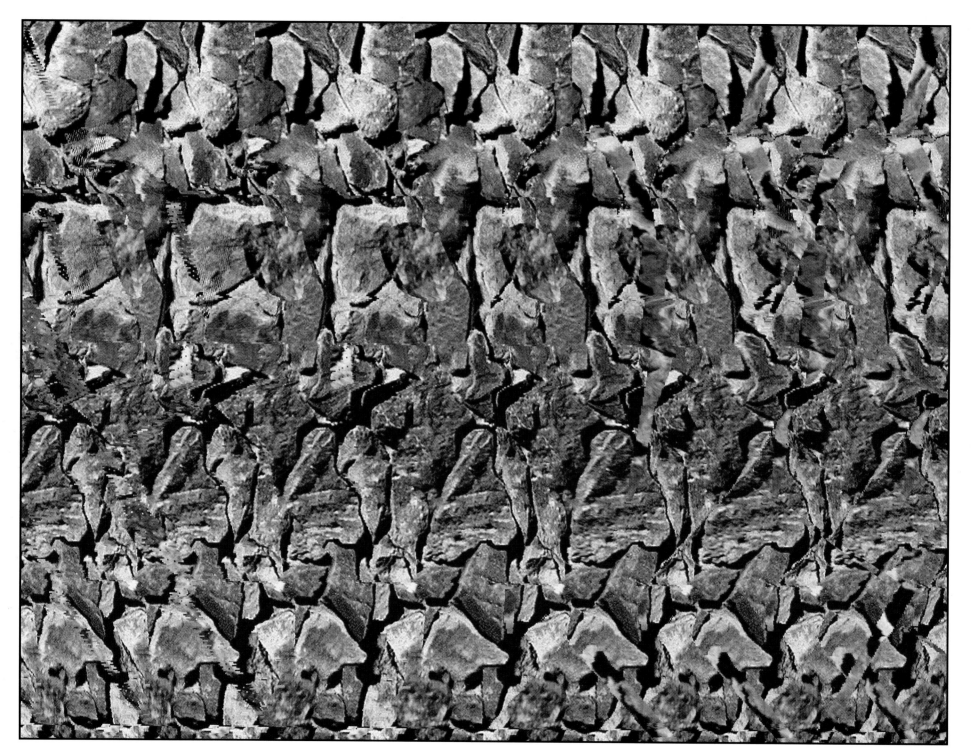

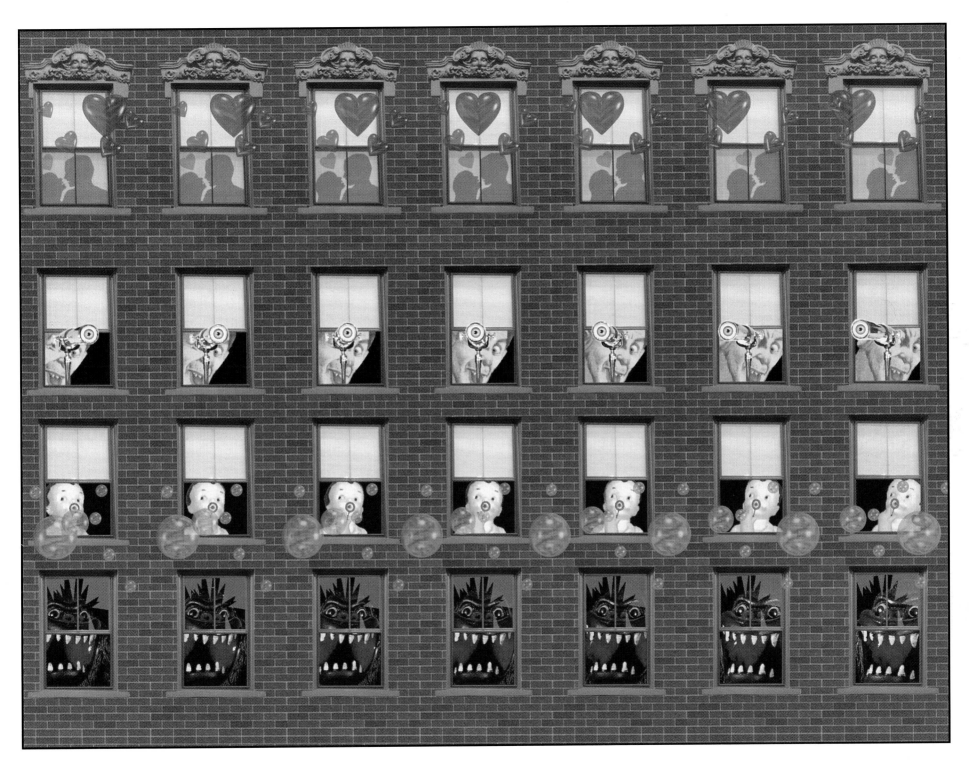

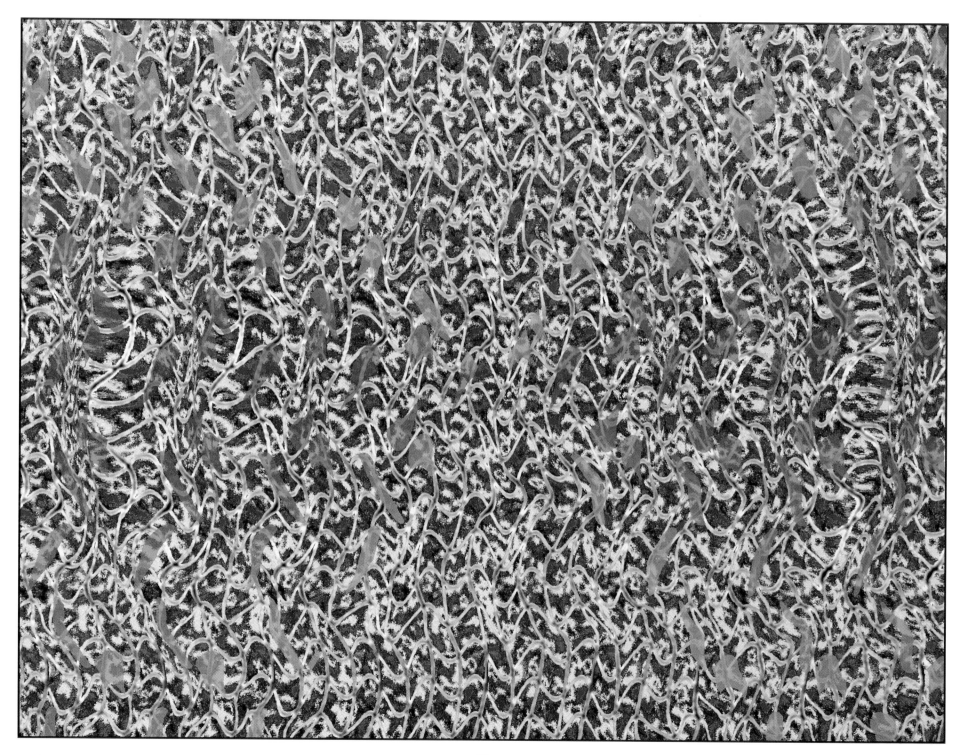

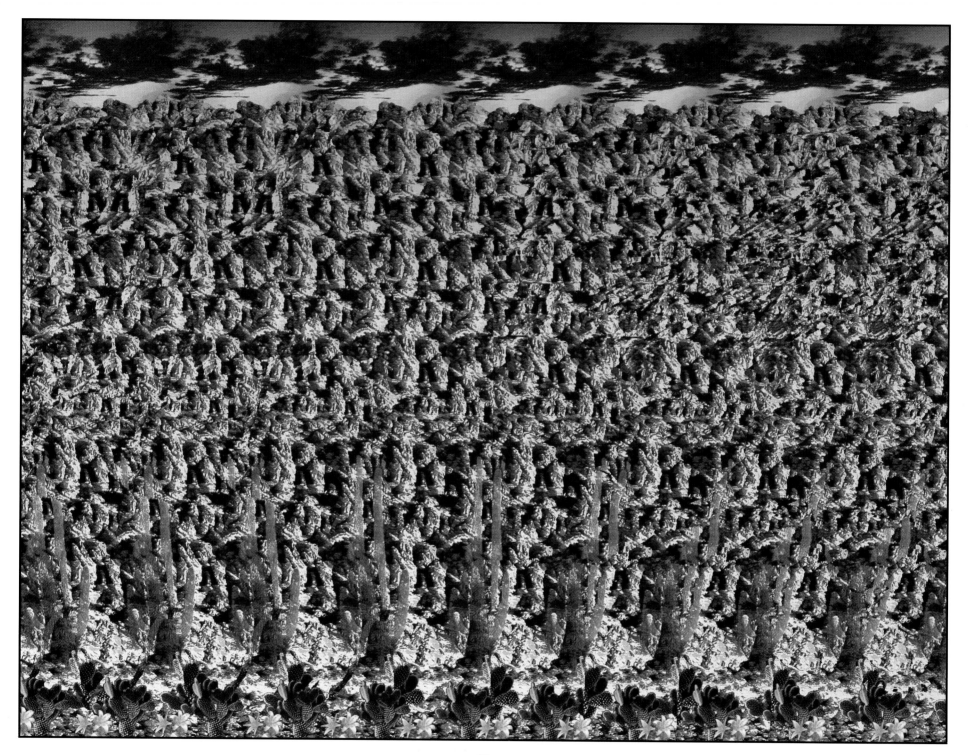

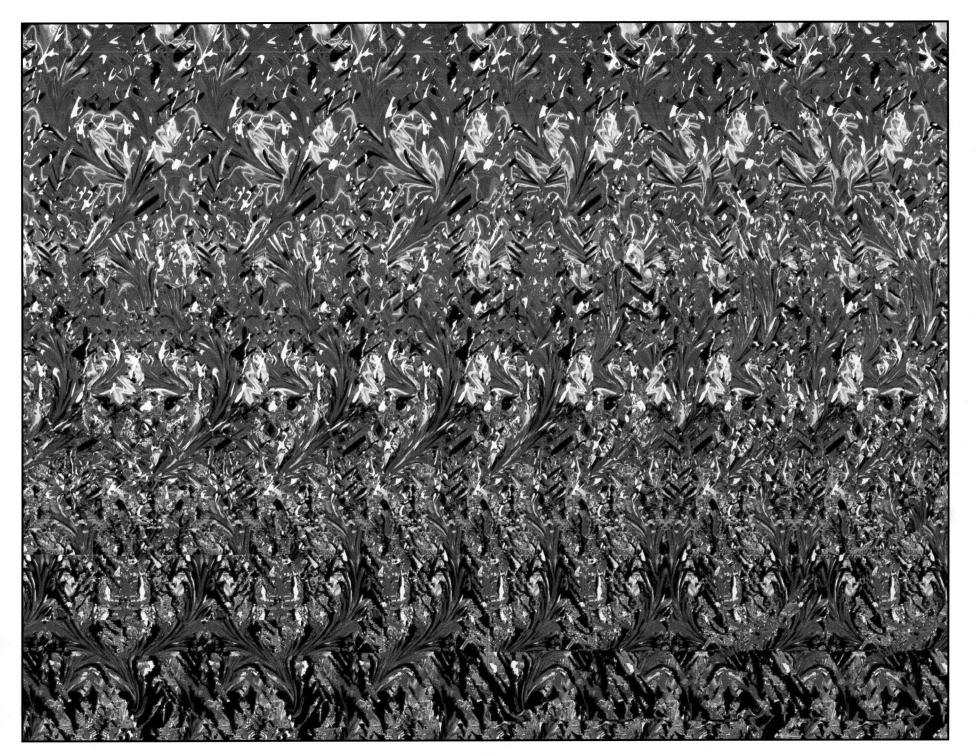

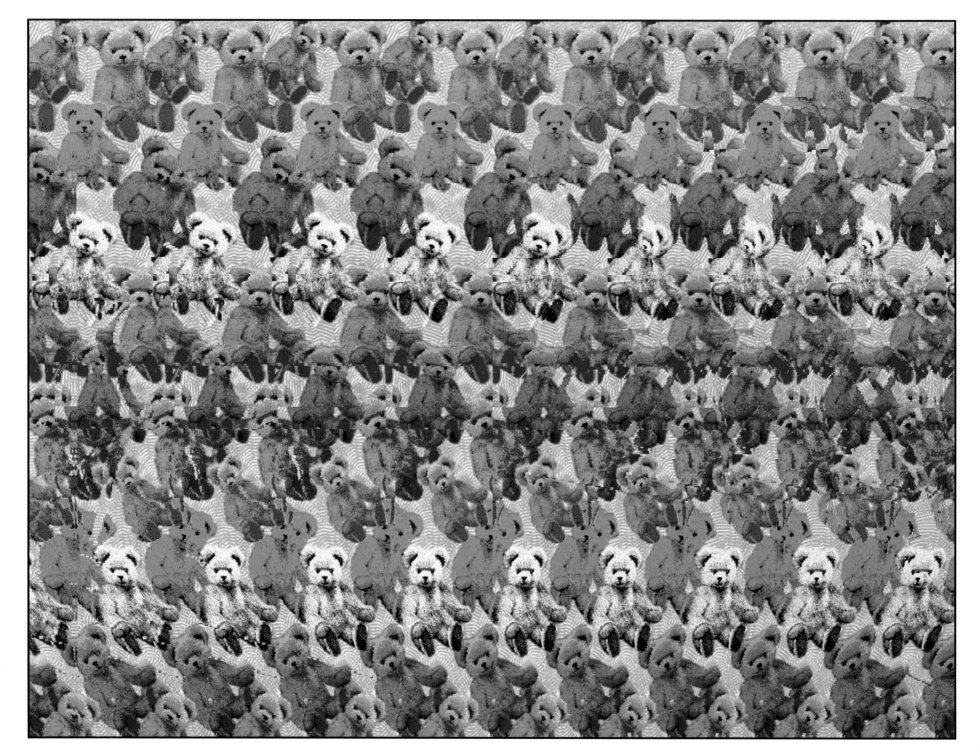

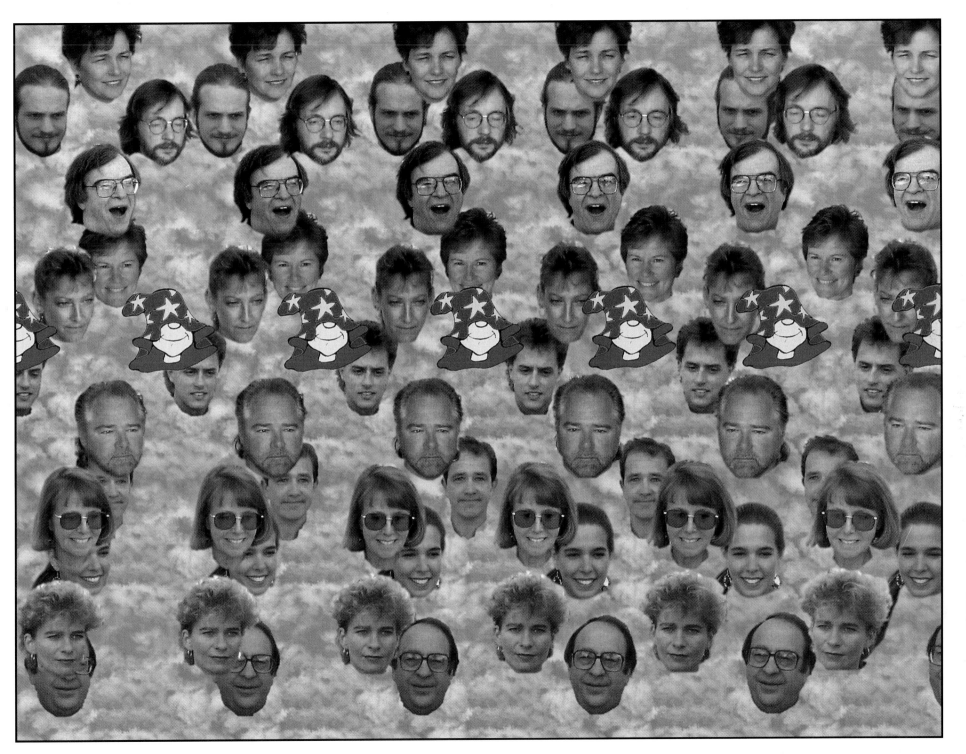

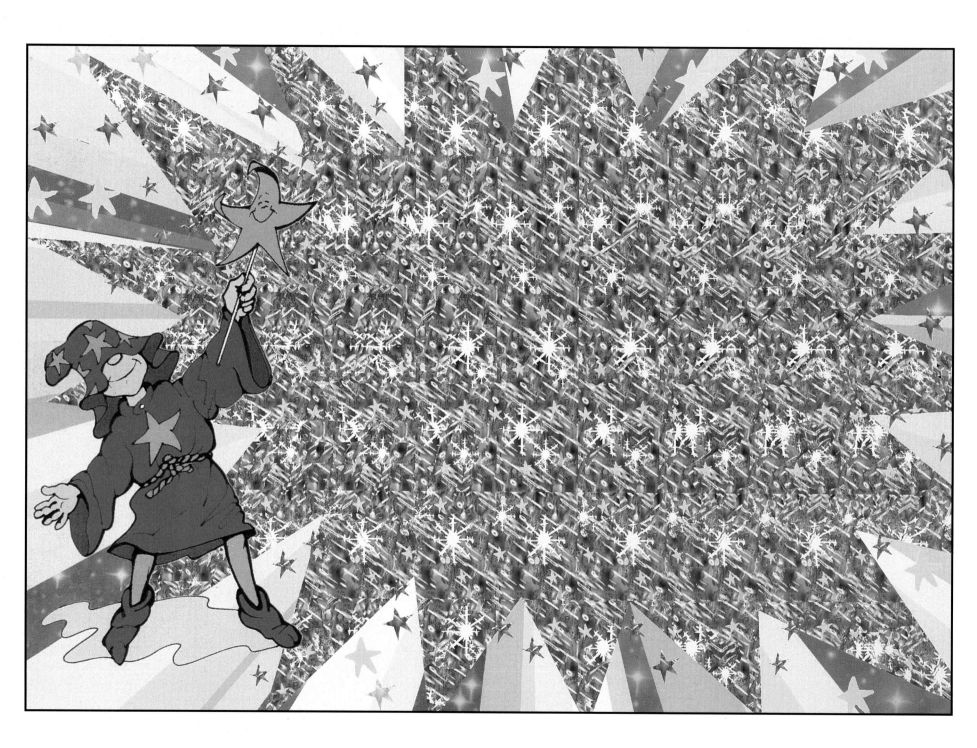

Page 5 **L'ange et le coeur**

Page 6 **Papillons**

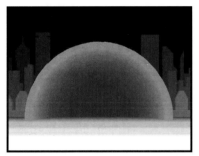

Page 7 **Danse à New York**

Page 8 **Course de chevaux**

Page 9 **Trésor sous la mer**
Page 10 **Pas d'image cachée**

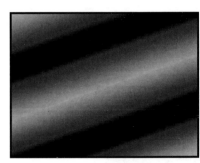

Page 11 **Turbulences**

Page 12 **I Love New York**

Page 14 **Tête de dinosaure**

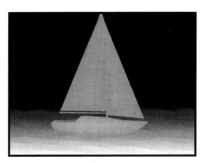

Page 14 **Voilier sur la mer**

Page 15 **Château-fort**

Page 16 **Dauphins à Aqualand**

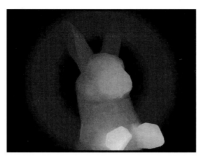

Page 17 **Lapin dans un chapeau de magicien**

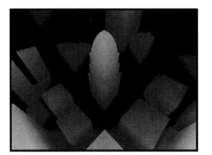

Page 18 **Gratte-ciel de pierres**
Page 19 **Pas d'image cachée**

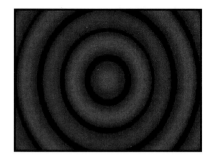

Page 20 **Ronds dans l'eau**
Page 21 Pas d'image cachée

Page 22 **Grand Canyon**

Page 23 **Palmiers**
Page 24 et 25 **Pas d'image cachée**

Page 26 **Icare au cirque**

Page 27 **Montagnes russes**

Page 28 **Teddy en pique-nique**
Page 29 **Pas d'image cachée**

Page 30 **Dernier tour de magie de Wizzy Nodwig**

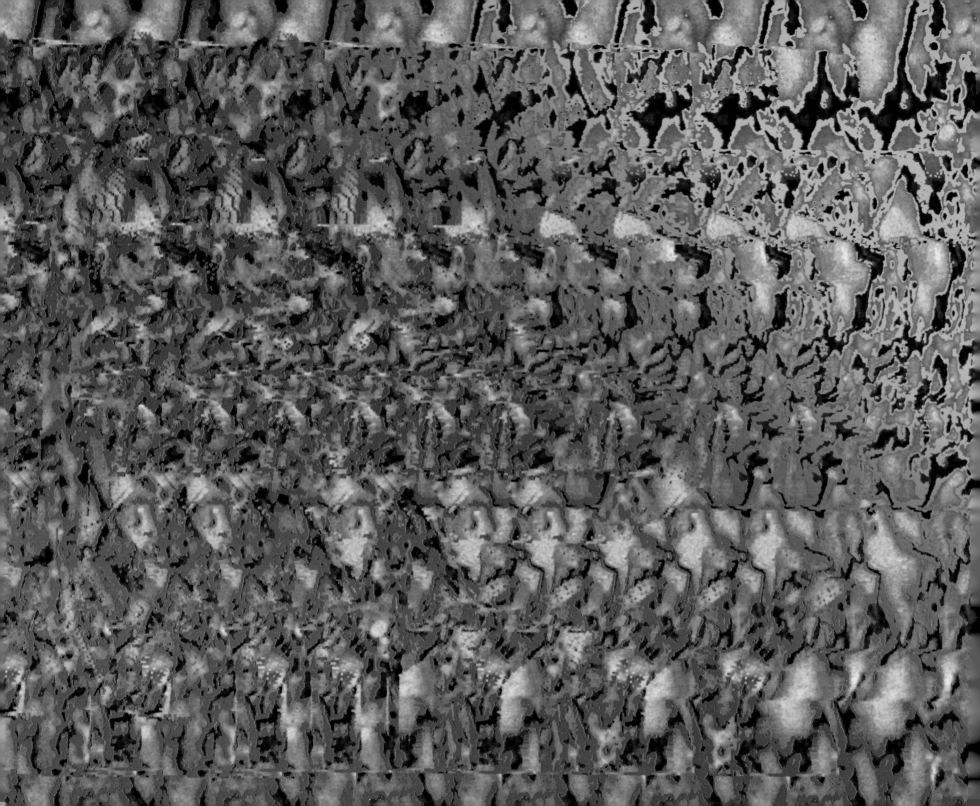